BEI GRIN MACHT SICH IHR WISSEN BEZAHLT

AF153466

- Wir veröffentlichen Ihre Hausarbeit,
  Bachelor- und Masterarbeit

- Ihr eigenes eBook und Buch -
  weltweit in allen wichtigen Shops

- Verdienen Sie an jedem Verkauf

Jetzt bei www.GRIN.com hochladen
und kostenlos publizieren

Abgrenzung Coaching und Psychotherapie. COPSOQ, AVEM und REVT

Nadine Zippusch

Bibliografische Information der Deutschen Nationalbibliothek:

Die Deutsche Nationalbibliothek verzeichnet diese Publikation in der Deutschen Nationalbibliografie; detaillierte bibliografische Daten sind im Internet über http://dnb.d-nb.de abrufbar.

ISBN: 9783346881748
Dieses Buch ist auch als E-Book erhältlich.

Druck und Bindung: Books on Demand GmbH, Norderstedt Germany
Gedruckt auf säurefreiem Papier aus verantwortungsvollen Quellen

Das vorliegende Werk wurde sorgfältig erarbeitet. Dennoch übernehmen Autoren und Verlag für die Richtigkeit von Angaben, Hinweisen, Links und Ratschlägen sowie eventuelle Druckfehler keine Haftung.

Das Buch bei GRIN: https://www.grin.com/document/1360271

Einsendeaufgaben

Aufgabennummer:

C

Modulverantwortlicher Professor/Fachdozent:

SRH Fernhochschule

Modul:

Coaching

Studiengang:

Psychologie B.Sc.

Verfasserin:

Nadine Zippusch

Inhaltsverzeichnis

Abbildungsverzeichnis

Tabellenverzeichnis

Abkürzungsverzeichnis

COPSOQ: Copenhagen Psychosocial Questionnaire

AVEM: Arbeitsbezogenes Verhaltens- und Erlebensmuster

REVT: Rational-emotive Verhaltenstherapie

PsychThG   Psychotherapeutengesetz

WBP   Wissenschaftlicher Beirat Psychotherapie

„A"   activating event

„B"   belief system

„C"   consequences

„D"   disput

„E"   effective new philosophy

1 Aufgabe C1

In der ersten Aufgabe wird im Unterkapitel 1.1 der Begriff und das Verständnis von Coaching herausgearbeitet. Dasselbe Vorgehen erfolgt im Unterkapitel 1.2 bezüglich der Psychotherapie. Abschließend grenzt das Unterkapitel 1.3 Coaching und Psychotherapie mit Beispielen voneinander ab.

1.1 Coaching

Laut vorherrschender Lehrmeinung der Sprachwissenschaften stammen die Ursprünge für das Wort Coaching aus dem ungarischen Ort Kocs. Dort wurden im 16. Jahrhundert Kutschen hergestellt, welche sich europaweit verbreiteten (Drath, 2021, S. 18). Noch heute bezieht sich der Coach auf die Aufgabe eines Kutschers, indem er Klienten bzw. Coachees an ihr Ziel lenkt (Rauen, 2021, S. 39; König & Volmer, 2019, S. 10). Die praktische Ausübung des Coachings begann im Sport und wurde ab den 1980er-Jahen phasenweise in den Businessbereich übertragen. Danach kam es zur populistischen Ausweitung des Begriffs für beliebige Tätigkeiten, die eine Form des Gesprächs oder der Beratung umfassen. Inzwischen engagieren sich Verbände für die Qualitätssicherung im Coachingmarkt (Berninger-Schäfer, 2011, S. 11-13; Böning, 2005, S. 29). Laut Definition des Deutschen Bundesverbandes Coaching e.V. (2023) sind Personen mit Führungs- und Steuerungsfunktionen die primäre Zielgruppe für ein Coaching. Greif (2018) gibt an, dass die Coachingpraxis einer auf wissenschaftlichen Theorien und Erkenntnissen beruhenden Begriffsdefinition vorausgeeilt ist (S. 13-14).

Rauen (2014) listet Merkmale auf, anhand derer Coaching definiert werden kann. Dazu zählt als Basis eine tragfähige Arbeitsbeziehung, welche sich durch Freiwilligkeit, gegenseitige Akzeptanz, Vertrauen und Diskretion auszeichnet. Gesunde Personen sollen hierin eine Förderung der Selbstreflexion und -wahrnehmung erfahren. Zudem werden Bewusstsein und Verantwortung für Schwierigkeiten aufgezeigt, um sie nach dem Prinzip der Hilfe zur Selbsthilfe lösen zu können. Die Arbeitsinhalte beziehen sich vordergründig auf die berufliche Rolle, können aber auch private Themen umfassen. Der Beratungs- und Begleitprozess ist personenzentriert sowie interaktiv und in der Zusammenarbeit zwischen Coach und Coachee besteht kein Beziehungsgefälle. Der Coach berücksichtigt individuelle Bedürfnisse und dient zur Identifikation und Steuerung der zum Problem führenden Prozesse. Als neutraler Prozessberater liefert er dem Coachee keine direkten Lösungsvorschläge und drängt ihm seine eigenen Wertevorstellungen nicht auf. Der Beratungsschwerpunkt liegt in der

Lösungsorientierung sowie in der Erreichung von selbstgewollten und realistischen Zielen. Dafür soll der Coach über psychologische und betriebswirtschaftliche Kenntnisse verfügen. Eine Schnittfeldqualifikation ist zur Einordnung der Anliegen außerdem vorteilhaft (S. 2-5). Grundsätzlich können der eigene Vorgesetze sowie ein interner oder externer Berater als Coach fungieren (Fischer-Epe, 2021, Abschnitt 1.4).

Die drei wesentlichen Phasen eines Coachingprozesses werden in Tabelle 1 dargestellt.

Dramaturgie des Coachingprozesses:	
Coachingauftakt:	In Phase 1 werden Coachingvereinbarungen getroffen und Erfolgserwartungen im Coachee mobilisiert.
Coachingverlauf:	Die Phase 2 konzentriert sich auf die Führung von Dialogen mit dem Ziel der Erkenntnisbeförderung und Potenzialfreisetzung.
Coachingabschluss:	Schließlich kommt es in Phase 3 zur Evaluation und Auflösung der Arbeitsbeziehung.

Tabelle 1: Dramaturgie des Coachingprozesses
(Eigene Darstellung, in Anlehnung an Wrede & Wiesenthal, 2018, S. 12)

Nachdem in Phase 1 der Entschluss zur Zusammenarbeit getroffen wurde, kommt es zum Abschluss von zwei Verträgen. Der formale Vertrag beinhaltet neben der Honorarhöhe und den Haftungsfragen auch die Gesamtdauer sowie Dauer und Anzahl der einzelnen Coachingtermine. Zudem werden das gewählte Setting wie zum Beispiel Einzel- oder Gruppencoaching als auch alle beteiligten Personen angegeben. Beteiligte können neben dem Coach und Coachee auch Vorgesetzte oder die Personalabteilung als initiierende dritte Partei sein. Der psychologische Vertrag stellt wiederum die Grundlage für eine erfolgreiche Arbeitsbeziehung dar und hat keine rechtliche Bindung. Er enthält die Ziele sowie Grenzen des Coachings und erklärt zur Gewährleistung der Transparenz die verwendeten Methoden (Gasche, 2021, S. 95-96, 101, 114-115; Rauen, 2014, S. 3).

Als eigenständige Coachingmethode kann ein zum Denken und Reflektieren anregender Frage- und Antwortdialog angeführt werden. Jeder einzelne Dialog und der Coachingprozess als Ganzes läuft nach diesem spezifischen Format ab (Wrede & Wiesenthal, 2018, S. 10-11). Die Dialogfähigkeit des Coaches zeigt sich im wohlwollend interessierten Zuhören als auch im Zeigen der eigenen Person. Für die gezielte Beratung verwendet der Coach einen Werkzeugkoffer mit verschiedenen Erklärungsmodellen und Interventionstechniken. Diese müssen zum Coach passen und für den Coachee nützlich sein. Aufgrund ihrer Vielfalt und aus

Platzgründen kann in dieser Arbeit nicht näher darauf eingegangen werden. (Fischer-Epe, 2021, Abschnitt 2). Letztendlich gilt es die Selbstmanagementfähigkeit des Coachees derart zu verbessern, dass der Coach nicht mehr benötigt wird. Somit kann die abschließende Phase 3 aus dem Coachingprozess eingeleitet werden (Rauen, 2014, S. 4).

Zusammenfassend kann die Hilfe zur Selbsthilfe als bedeutsames Merkmal des Coachings angegeben werden (Rauen, 2014, S. 2). Zudem ist im Coachingprozess die Aufgabenverteilung eindeutig festgelegt. Während der Coachee die Themenhoheit hat, fällt dem Coach die Prozesshoheit zu (Wrede & Wiesenthal, 2018, S. 11-12).

1.2 Psychotherapie

Über Jahrhunderte hinweg wurden psychische Erkrankungen auf der Basis eines somatogenen und dämonologischen Verständnisses erklärt. Im 18. und 19. Jahrhundert kam es zu einer veränderten psychogenen Sichtweise. Ein Vertreter davon war Mesmer (1734-1815), der Patienten individuell oder in Gruppen mithilfe von magnetischer Beeinflussung behandelte. Seine Lehre des Mesmerismus kann als Vorläufer der Psychotherapie bezeichnet werden, da sich daraus der Prototyp des hypnotischen Verfahrens entwickelte (Hautzinger, 2007, S. 10; Pritzel, 2016, S. 213-214).

Aus verschiedenen Grundorientierungen, welche spezifische Theoriesysteme zur Nosologie und Gesundheitslehre aufweisen, entstanden zahlreiche psychotherapeutische Verfahren. Diese können wiederum nach mehreren Gesichtspunkten klassifiziert werden. Dazu zählen beispielsweise die angewandten Mittel, die vereinbarten Ziele, der Ort oder die Art der Durchführung. Um den Rahmen dieser Arbeit nicht zu überschreiten, folgen darüber keine näheren Ausführungen. Zudem ist in der psychotherapeutischen Praxis ein integratives Vorgehen üblich, wobei theoretische Ansätze miteinander kombiniert werden (Margraf, 2009, S. 7-9; Gerrig & Zimbardo, 2008, S. 597-598).

Inzwischen existiert in Deutschland eine berufsrechtliche und eine sozialrechtliche An-erkennung der Psychotherapie. Das Psychotherapeutengesetz (PsychThG) regelt die Berufsausbildung und Berufsausübung von Psychotherapeuten. Der Gemeinsame Bundesausschuss (G-BA) bestimmt, welche psychotherapeutischen Verfahren durch die gesetzliche Krankenversicherung vergütet werden (Holst, Harfst & Schulz, 2020, S. 354-355). Laut § 1 Absatz 2 PsychThG ist die Definition von Psychotherapie „jede mittels wissenschaftlich geprüfter und anerkannter psychotherapeutischer Verfahren oder Methoden berufs- oder geschäftsmäßig vorgenommene Tätigkeit zur Feststellung, Heilung oder

Linderung von Störungen mit Krankheitswert, bei denen Psychotherapie indiziert ist." Gemäß § 15 Psychotherapie-Richtlinie G-BA werden das psychoanalytisch begründete Verfahren, die Verhaltenstherapie und die systemische Therapie als anerkannte Verfahren angeführt. Bei der Anerkennung spielen die Gutachten des Wissenschaftlichen Beirats Psychotherapie (WBP) eine wichtige Rolle. Die Mitglieder des WBP bestehen aus Vertretern der Bundesärztekammer und der Bundespsychotherapeutenkammer (WBP, 2023). In Tabelle 2 werden die wesentlichen Anwendungsbereiche der Psychotherapie bei Erwachsenen nach den Stellungnahmen des WBP dargestellt. Dabei wird ersichtlich, dass den größten Teil der Indikationen psychische Störungen ausmachen. Aktuell werden sie auf der Basis des Diagnostischen und Statistischen Manuel Psychischer Störungen (DSM-5) und der Internationalen statistischen Klassifikation der Krankheiten (ICD-11) diagnostiziert (Hogrefe, 2016).

Anwendungsbereiche der Psychotherapie bei Erwachsenen:	
1.	Affektive Störungen
2.	Angststörungen
3.	Belastungsstörungen
4.	Dissoziative, Konversions- und somatoforme Störungen
5.	Essstörungen
6.	Andere Verhaltensauffälligkeiten mit körperlichen Störungen
7.	Psychische und soziale Faktoren bei somatischen Krankheiten
8.	Persönlichkeitsstörungen und Verhaltensstörungen
9.	Abhängigkeiten und Missbrauch
10.	Schizophrenie und wahnhafte Störungen
11.	Psychische und soziale Faktoren bei Intelligenzminderung
12.	Hirnorganische Störungen

Tabelle 2: Anwendungsbereiche der Psychotherapie bei Erwachsenen
(Eigene Darstellung, in Anlehnung an Margraf, 2009, S. 11)

Eine für alle Therapieverfahren gültige Definition stammt von Strotzka (1975) und lautet wie folgt: „Psychotherapie ist ein bewusster und geplanter interaktioneller Prozess zur Beeinflussung von Verhaltensstörungen und Leidenszuständen, die in einem Konsensus (möglichst zwischen Patient, Therapeut und Bezugsgruppe) für behandlungsbedürftig gehalten werden [...] In der Regel ist dazu eine tragfähige emotionale Bindung notwendig." (S. 4). Dabei weisen Psychotherapeuten eine Grundhaltung auf, die eine wertfreie Akzeptanz und ein Bemühen um Empathie auszeichnen. Zudem sind ein indirekter Beratungsstil und die Kongruenz der Gesamthaltung wesentlich (Dilling & Reimer, 1997, S. 231).

Resümierend gehört Psychotherapie neben der medikamentösen Therapie zu den wichtigsten Behandlungsmethoden von psychischen Krankheiten (Endrass & Riesel, 2022, S. 33). Laut § 15 Psychotherapie-Richtlinie G-BA sollen dabei wissenschaftlich anerkannte Verfahren zum Einsatz kommen, deren therapeutische Wirksamkeit belegt ist.

1.3 Abgrenzung von Coaching und Psychotherapie

Im Coaching und in der Psychotherapie können ähnliche Methoden zum Einsatz kommen. Trotzdem weisen beide Disziplinen wesentliche Unterschiede hinsichtlich der Zielgruppe, den notwendigen Kompetenzen und der emotionalen Tiefe auf. Es ist nicht möglich, dass der Coach einen Psychotherapeuten ersetzt oder der Psychotherapeut einen Coach. Coaching richtet sich an Personen mit intakter Selbstmanagementfähigkeit, die primär berufliche Anliegen klären wollen (Rauen, 2003, S. 289-291). Im Gegensatz dazu konzentrieren sich psychotherapeutische Maßnahmen auf die Heilung von psychischen Erkrankungen. Diese dürfen ausschließlich mit entsprechender Approbation behandelt werden. Die Ausbildungsanforderungen von Coaches sind nicht standardisiert. Es können zum Beispiel auch aus der Karriere einer Führungskraft Qualifikationen geschöpft werden (Hinkelmann, 2016, S. 33; Schmidbauer, 2007, S. 8). Während zwischen Coach und Coachee kein Beziehungsgefälle herrscht, wird im psychotherapeutischen Kontext der Orientierungsrahmen durch den Psychotherapeuten festgesetzt. Coaching beinhaltet lösungsorientierte und kurzzeittherapeutische Maßnahmen auf einer konkreten Handlungsebene. In der Psychotherapie sind hingegen auch langfristige Ursachenforschungen auf einer grundlegenden Seins-Ebene üblich (Hinkelmann, 2016, S. 34; Rauen, 2003, S. 290). Somit kommt es im Vergleich zum Coaching zu einer tieferen emotionalen Involvierung (Lippmann, 2006, S. 34).

Zur Differenzierung in der Praxis folgt nun ein Beispiel für eine fiktive Coachingsituation. Ein erfolgreiches Produktionsunternehmen in der Metallbranche eröffnet einen zweiten Standort und möchte dort Herrn A. als leitenden Produktionsmitarbeiter einstellen. Da ihm am Hauptstandort bereits 5 Mitarbeitende unterstellt waren, kann er Erfahrungen in einer Führungsfunktion vorweisen. Die neue Position erfordert allerdings die Verantwortungsübernahme für insgesamt 15 Mitarbeitende. Herr A. fühlt sich diesbezüglich verunsichert und vereinbart nach Absprache mit seinen Vorgesetzten Termine für ein unternehmensinternes Coaching. Dies soll ihm bei einem gezielten Ausbau der

11

Führungsqualitäten als auch bei einer verantwortungsvollen Leistungssteigerung behilflich sein (Migge, 2018, S. 30).

Ein Beispiel für den Anlass zur Psychotherapie kann sich wiederum folgendermaßen darstellen. Im bereits genannten Produktionsunternehmen arbeitet seit 10 Jahren auch Herr B. Dieser konnte aufgrund von chronischen Konflikten mit seinen Arbeitskollegen noch keine gewünschte Führungsposition übernehmen. Im Rahmen des angebotenen Coachings erkennt Herr B., dass er ein behandlungsbedürftiges Alkoholproblem aufweist. Sein Suchtverhalten hat nicht nur im beruflichen Kontext, sondern auch im Privatleben negative Auswirkungen. Schließlich entscheidet er sich für psychotherapeutische Maßnahmen in einer speziellen Fachklinik. Das Coaching wird erst nach erfolgreicher Therapie fortgesetzt (Schmidt-Lellek, 2003, S. 230-231).

Schlussfolgernd kann festgehalten werden, dass Coaching nur bei psychisch gesunden Personen stattfindet. Der Coachee wird als Potenzialträger angesehen, dessen Möglichkeiten über Fragen und Denkanregungen freigesetzt werden. Psychotherapie konzentriert sich hingegen auf die Befreiung von Symptomen mit Krankheitswert, die ein Defizit darstellen. (Wrede & Wiesenthal, 2018, S. 21-22; Lippmann, 2006, S. 33).

2 Aufgabe C2

Die zweite Aufgabe befasst sich mit Testverfahren, welche eine Coaching-Technik darstellen. Während Unterkapitel 2.1 den Copenhagen Psychosocial Questionnaire (COPSOQ) erklärt, kommt es im Unterkapitel 2.2 zur Vorstellung des Arbeitsbezogenen Verhaltens- und Erlebensmuster (AVEM). Für beide Verfahren werden jeweils eine Coachingsituation beschrieben als auch der Nutzen und die Grenzen aufgezeigt.

2.1 Copenhagen Psychosocial Questionnaire (COPSOQ)

Der COPSOQ ist ein am Institut für Arbeitsmedizin in Kopenhagen (AMI) entwickelter branchen- und berufsübergreifender Fragebogen (Freiburger Forschungsstelle für Arbeitswissenschaften, 2023). Sein Ziel ist die Messung der psychosozialen Arbeitsbelastungen. Um der Breite und Unbestimmtheit dieses Spektrums gerecht zu werden, verwendet der COPSOQ einen multidimensionalen Ansatz. Dabei wurden in seiner Langversion 13 von 141 Einzelfragen bzw. Items neu entwickelt. Der Rest stammt aus bereits erprobten und validierten Instrumenten (Nübling, Stößel, Hasselhorn, Michaelis & Hofmann, 2005, S. 12-13). Dazu zählen zum Beispiel das Setterlind Stress Profile (Setterlind & Larsson, 1995, S. 85-92), die Whitehall II Study (Marmot et al., 1991, S. 1387-1393) oder das Job Content Questionnaire (Karasek et al., 1998, S. 322-355). Aufgrund der Aufgabenstellung folgen darüber keine weiteren Erläuterungen.

Die Items zur Selbsteinschätzung sind ordinal mit fünf Antwortmöglichkeiten skaliert und bilden 30 Skalen. Davon decken 18 Skalen die psychosoziale Arbeitsbelastung ab. Diese teilen sich auf in Anforderungen, Einfluss und Entwicklungsmöglichkeiten sowie soziale Beziehung und Führung. 7 Skalen werden den Belastungen bzw. Outcomes zugeordnet. Zudem gibt es 2 Skalen ohne Zuordnung zu Belastungen und 3 Skalen zu Verarbeitungsmechanismen. Die beschriebene Langversion des COPSOQ wurde in Deutschland erstmals 2005 im Auftrag der Bundesanstalt für Arbeitsschutz und Arbeitsmedizin erprobt. Dabei wurden vernachlässigte Bereiche laut den Erfahrungen der dänischen Studie optimiert. Betroffen sind zum Beispiel Zusatzitems zur Arbeitsplatzbewertung sowie Skalen zu Einbindung in Prozesse und Wertschätzung als Person. (Nübling et al., 2005, S. 12-13, 16; Freiburger Forschungsstelle für Arbeitswissenschaften, 2023). Abbildung 1 zeigt das Strukturdiagramm des deutschen COPSOQ in Version 3. Dabei werden die thematisch geordneten Skalen sichtbar, welche positiv als auch negativ auf die Outcomes wirken können.

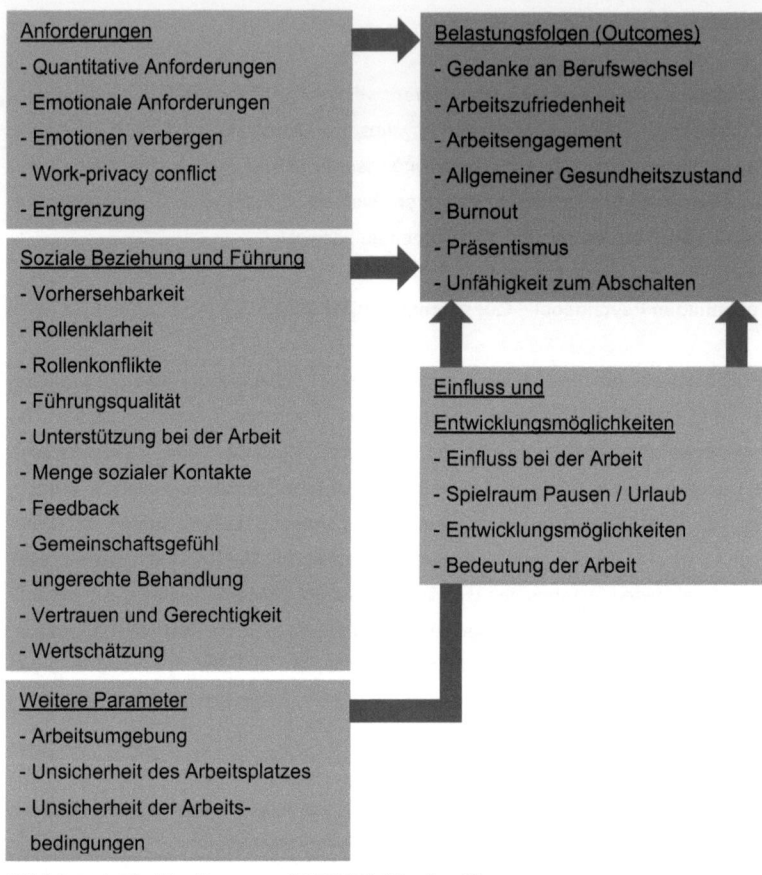

Abbildung 1: Strukturdiagramm COPSOQ (Version 3)
(Eigene Darstellung, in Anlehnung an Neuner, 2021, S. 83)

Inzwischen wird der COPSOQ in Kooperation mit Wissenschaft und Betrieben/Organisationen international eingesetzt. Je nach den technischen Möglichkeiten der Beschäftigten, erfolgt die Befragung online oder schriftlich. Danach können die Ergebnisse mit berufsgruppentypischen Referenzwerten verglichen werden. Voraussetzung hierfür bildet die anonymisierte Sammlung aller Befragungsdaten in einer zentralen Datenbank. In diesem Zusammenhang kann der Nutzen des COPSOQ auch für eine Coachingsituation beschrieben werden. Dabei vergleichen die Top-Manager des bereits genannten Produktionsunternehmens aus Kapitel 1.3 die angegebenen Belastungen ihrer Mitarbeiter. Anhand der Skala Soziale Beziehung und Führung stellen sie fest, dass am Hauptstandort mehr Rollenkonflikte auftreten als am zweiten Standort. Zudem wird eine wesentlich geringe Rollenklarheit im Vergleich zu externen

Mitbewerbern sichtbar. Anhand dieser Übersicht können spezifische Ziele für ein unternehmensinternes Team-Coaching formuliert werden. Nach Coachingabschluss ist zur Evaluation eine Wiederholungsbefragung geplant. Als Grenze des Verfahrens muss angegeben werden, dass die COPSOQ-Datenbank aus Querschnittsdaten besteht. Bestehende Korrelationen zwischen zwei Aspekten können daher nicht kausal interpretiert werden (Neuner, 2021, S. 82; Nübling, Stößel & Michaelis, 2010, S. 253, 255, 260).

Zusammenfassend kann der COPSOQ als Screening-Instrument für Übersichtszwecke bezeichnet werden. Mithilfe der gewonnenen Informationen über subjektiv empfundene Arbeitsbedingungen, lassen sich Verbesserungsmaßnahmen ableiten. Allerdings sollen die Befragungsergebnisse nicht als alleinige Grundlage von Interventionen oder zur Analyse der Arbeitsbedingungen von Einzelpersonen verwendet werden (Nübling et al., 2005, S. 12, 83, 98). Um individuelle Belastungen zu erfassen, kann die Integration von zusätzlichen Fragen sinnvoll sein (Nübling et al., 2010, S. 255). Außerdem gilt es zu beachten, dass im COPSOQ keine persönlichen Ressourcen abgefragt werden (Neuner, 2021, S. 82).

2.2 Arbeitsbezogenes Verhaltens- und Erlebensmuster (AVEM)

Der AVEM ist ein Fragebogen zur Erfassung von gesundheitsförderlichen bzw. -gefährdenden Erlebens- und Verhaltensweisen bei der Bewältigung von beruflichen Anforderungen (Hogrefe, 2008). Seine Basis bildet das Modell von Schaarschmidt und Fischer, dass von einer aktiven Mitgestaltung der eigenen Beanspruchungsverhältnisse ausgeht. Hierin lassen sich relativ stabile und voneinander abgrenzbare Bewältigungsmuster identifizieren, welche durch Persönlichkeitsdispositionen und die Berufsausübung bestimmt werden. Ebenso spielt das Einbringen von persönlichen Ressourcen eine Rolle. Für das berufsbezogenen Erleben und Verhalten sind drei inhaltliche Bereiche entscheidend. Diese sind neben dem Engagement für Anforderungen, die Widerstandskraft gegenüber Belastungen sowie die begleitenden Emotionen. Im Ganzen liegen den Bereichen 11 Dimensionen zugrunde (Poschkamp, 2008, S. 97-98). Sie werden in Tabelle 3 aufgelistet.

11 Dimensionen des AVEM:	
1.	Subjektive Bedeutsamkeit der Arbeit
2.	Beruflicher Ehrgeiz
3.	Verausgabungsbereitschaft
4.	Perfektionsstreben
5.	Distanzierungsfähigkeit

6.	Resignationstendenz bei Misserfolgen
7.	Offensive Problembewältigung
8.	Innere Ruhe und Ausgeglichenheit
9.	Erfolgserleben im Beruf
10.	Lebenszufriedenheit
11.	Erleben sozialer Unterstützung

Tabelle 3: 11 Dimensionen des AVEM

(Eigene Darstellung, in Anlehnung an Heller, Drexler & Fleischhacker, 2002, S. 367)

Den 11 Dimensionen sind in der Standardform jeweils 6 Items zugeordnet, woraus sich insgesamt 66 Items ergeben. Ihre Beantwortung findet anhand einer fünfstufigen Skala statt, die von „trifft völlig zu" bis „trifft überhaupt nicht zu" reicht (Coping, 2023). Anhand der angegeben Selbsteinschätzungen wird eine Wahrscheinlichkeitsangabe des individuellen Profils ermittelt (Thielmann, Yurkul, Zavgorodnij, Kapustnik & Böckelmann, 2018, S. 135).

Je nach Profilübereinstimmung kommt es daraufhin zu einer tendenziellen Zuweisung eines Bewältigungsmusters. Im AVEM werden dabei die vier clusteranalytisch bestimmten Muster A, B, G und S unterschieden. Der Typ A stellt ein gesundheitsgefährdendes Verhaltens- und Erlebensmuster dar, dass sich durch übersteigertes Arbeitsengagement auszeichnet. Die stärksten Ausprägungen liegen in den Dimensionen Bedeutsamkeit der Arbeit, Verausgabungsbereitschaft und Perfektionsstreben vor. Der niedrigste Wert ist hingegen in der Distanzierungsfähigkeit zu finden. Weiters lassen geringe Ausprägungen in der inneren Ruhe sowie hohe Werte in der Resignationstendenz auf eine verminderte Widerstandskraft schließen. Begleitend bestehen negative Emotionen, die sich mit niedrigen Werten in den Dimensionen Lebenszufriedenheit und Erleben sozialer Unterstützung ausdrücken. Insgesamt ist das Muster durch hohe Anstrengung ohne positive emotionale Entsprechung charakterisiert (Schaarschmidt, 2006, S. 2, 7). In der Arbeitspsychologie nennt man diesen Widerspruch Gratifikationskrise (Siegrist, 1991, S. 10-21). Das Bewältigungsmuster A weist zudem Parallelen zum Typ-A-Verhaltenskonzept auf (Friedman & Rosenman, 1974, S. 67-70).

Auch durch das Verhaltens- und Erlebensmuster des Typ B können gesundheitliche Gefährdungen auftreten. Ein enger Bezug besteht vor allem zu den Symptomen eines fortgeschrittenen Stadiums des Burnouts (Heller et al., 2002, S. 367). Bezeichnend für das Muster B ist eine hohe Resignationstendenz. Weiters sind geringe Ausprägungen in den Dimensionen offensive Problembewältigung, innere Ruhe sowie Erfolgserleben vorzufinden. Generell besteht ein niedriges Arbeitsengagement, dass sich insbesondere in der

Bedeutsamkeit der Arbeit und im beruflichen Ehrgeiz niederschlägt. Dies geht einher mit eingeschränkter Distanzierungsfähigkeit, herabgesetzter Widerstandsfähigkeit und negativen Emotionen (Schaarschmidt, 2006, S. 8).

Das Muster G entspricht einem Gesundheitsideal. Die Ausprägungen der Dimensionen des Arbeitsengagement sind hoch, jedoch nicht exzessiv (Heller et al., 2002, S. 367). Während der berufliche Ehrgeiz groß ist, haben die Dimensionen Bedeutsamkeit der Arbeit, Verausgabungsbereitschaft und Perfektionsstreben mittlere bis leicht erhöhte Werte. Gleichzeitig bleibt die Distanzierungsfähigkeit erhalten. Weiters können im Bereich der Widerstandskraft günstige Werte vorgefunden werden. So weist die Dimension Resignationstendenz die niedrigste Ausprägung auf und die offensive Problembewältigung sowie innere Ruhe die Stärkste. Schließlich wird das Muster durch positive Emotionen im Erfolgserleben, der Lebenszufriedenheit und dem Erleben sozialer Unterstützung begleitet (Schaarschmidt, 2006, S. 5-6).

Der Typ S steht für eine schonende Einstellung gegenüber der Arbeit mit der im Vergleich zu den anderen Mustern höchsten Distanzierungsfähigkeit (Buck, Böckelmann, Lux & Thielmann, 2019, S. 194). Dies schlägt sich in geringen Ausprägungen der Dimensionen Bedeutsamkeit der Arbeit, beruflicher Ehrgeiz, Verausgabungsbereitschaft sowie Perfektionsstreben nieder. Das verringerte Engagement darf aufgrund der niedrigen Resignationstendenz nicht als Ausdruck einer resignativen Einstellung verstanden werden. Gemeinsam mit einer hohen Ausprägung in der inneren Ruhe kann auf Widerstandsfähigkeit gegenüber den beruflichen Belastungen geschlossen werden. Außerdem herrschen positive Gefühle mit einer hohen Lebenszufriedenheit vor. Dass die Quelle hierfür allerdings außerhalb der Arbeit zu finden ist, wird durch den niedrigen Wert im beruflichen Erfolgserleben ausgedrückt (Schaarschmidt, 2006, S. 6).

Im Folgenden wird eine Coachingsituation beschrieben, in welcher der AVEM von Nutzen sein kann. Die Top-Manager des Produktionsunternehmens aus Kapitel 2.1 beantworten zu Beginn eines Einzel-Coachings den Fragebogen um arbeitsbezogene Verhaltens- und Erlebensmuster herauszufinden. Dabei kann das Profil des Managers A dem Bewältigungsmuster S zugeordnet werden. Dieses birgt zwar keine Gesundheitsgefährdung, führt aber fehlendes Engagement vor Augen. So wird eine Motivationssteigerung als Coachingziel vereinbart und zur Evaluation kommt es mithilfe einer Testwiederholung. Die Grenze des Verfahrens stellt der personenbezogene Ansatz dar. Da auch andere Faktoren den Rückzug des Arbeitsengagement begünstigen, darf die fehlende Motivation nicht allein bei der Person gesucht werden. Manager A nennt beispielsweise ein belastendes Arbeitsklima und misst seinem freizeitlichen Tennisspiel eine verstärkte Bedeutung bei. Seine Schonungshaltung ist gleichzeitig eine Schutzfunktion (Schaarschmidt, 2006, S. 6; Wesselborg, 2017, S. 262).

Zusammenfassend können mithilfe des AVEM die gesundheitsgefährdenden Muster A und B als auch die gesundheitsunbedenklichen Muster G und S ermittelt werden (Wesselborg, 2017, S. 254). Es gilt zu beachten, dass in der Mehrzahl der Fälle keine reinen Musterzugehörigkeiten ausgemacht werden können. Vielmehr kommt es zu Musterkombinationen, die diagnostische Informationen für gesundheitsrelevante Entwicklungen ermöglichen (Schaarschmidt, 2006, S. 4).

3   Aufgabe C3

Die dritte Aufgabe erläutert im Unterkapitel 3.1 die theoretischen Grundlagen der rational-emotiven Verhaltenstherapie. Zudem werden ihre wichtigsten Schritte im Unterkapitel 3.2 beschrieben. Abschließend wird das Konzept im Unterkapitel 3.3 auf eine fiktive Coachingsituation angewendet.

3.1   Rational-emotive Verhaltenstherapie (REVT)

Der amerikanische Psychologe Ellis entwickelte Ende der fünfziger Jahre die REVT, welche zu den kognitiven Verhaltenstherapien gehört (Rusch, 2019, S. 69). Das Standardwerk „Die Rational-Emotive Therapie" veröffentlichte er 1977 und wurde damit auch in Deutschland bekannt. Anhand praktischer Erfahrungen im klinischen Umfeld modifizierte Ellis die REVT immer weiter. Seine ursprünglichen Therapien orientierten sich an der Psychoanalyse nach Freud. Währenddessen stellte er fest, dass Patienten trotz Einsicht in das Krankheitsbild ihr Verhalten nicht verändern können. Dementsprechend kam es zur Annäherung an behavioristische Lerntheorien und an Konditionierungskonzepten. Dabei bezog Ellis die Bedeutung der Emotionsebene mit ein und unterschied zwischen gesunden und ungesunden Gefühlen. Durch die Namensänderung der ursprünglich Rationalen Therapie zur Rational-emotiven Therapie wurde dies auch nach außen hin demonstriert (Behnke, 2016, S. 109-111; Ellis & Hoellen, 2004, S. 7). Im Umgang mit Gefühlen erkannte er die Wichtigkeit der Sprache mit der verbundenen Fähigkeit zur Symbolbildung. Menschen kommunizieren untereinander und in komplexer Weiser auch mit sich selbst. Anders als Tiere können sie Angst vor eingebildeten aversiven Reizen haben. Weiters finden in der REVT menschliche Einflüsse wie Kultur, Sozialisation und biologische Prädispositionen Berücksichtigung. Sie spielen bei der Entwicklung von Werten, Präferenzen sowie Antipathien eine Rolle. Ellis nannte in diesem Zusammenhang den Begriff der Musturbation. Dieser bezeichnet die angeborene Tendenz eigene Wünsche zu einem absolutistischem Muss zu machen. Absolutismen können beispielsweise mit den Worten soll, sollte oder muss zum Vorschein kommen (Ellis, 2008, S. 27, 30-31; Behnke, 2016, S. 110). Je stärker der Wunsch ist, desto absoluter kann die Forderung ausfallen. Mit einem immer stärkeren Hineinsteigern in das Wunschszenario wird Entspannung verhindert, welche bei Akzeptanz der Nichterfüllung entstehen könnte. Zudem kommt es zu dysfunktionalen Reaktionen und zum Verlust der geistigen Flexibilität (Sauerland, 2018, S. 46-47). Anfangs sprach Ellis von elf irrationalen Überzeugungen, die als unangemessene Kognitionen eine gelungene und glückliche Lebensführung verhindern. Später kam es zur Überführung in drei grundlegende Imperative (Jong-Meyer, 2018, S. 501; Ellis & Hoellen, 2004, S. 14). Sie werden auch als irrationale Dreieinigkeit bezeichnet und enthalten Forderungen gegenüber sich selbst, gegenüber anderen sowie gegenüber der Welt. Tabelle 4 listet die dazugehörige Formulierung in der ersten Person Singular auf (Keßler & Hoellen, 1982, S. 14; Behnke, 2016, S. 112).

Drei Arten ungünstiger Grundüberzeugungen:	
1.	„Ich muss perfekt sein!"
2.	„Andere Menschen müssen mich zuvorkommend behandeln!"
3.	„Die Umstände müssen solcher Art sein, wie ich das will!"

Tabelle 4: Drei Arten ungünstiger Grundüberzeugungen
(Eigene Darstellung, in Anlehnung an Jong-Meyer, 2018, S. 501)

Laut Ellis führen dogmatisch gewordene Forderungen zu Verhaltensstörungen. Dabei nennt er zwei Formen von psychischen Störungen. Erstens die Ich-Angst, welche auf der Überzeugung basiert nur als perfekte Person wertvoll zu sein. Zweitens die Angst vor Unbehagen, die Glücklichsein mit einfachen Dingen sowie dem Ablauf nach eigenen Vorstellungen assoziiert. Außerdem spielt der Symptomstress bei der Aufrechterhaltung und Chronifizierung von Störungen eine wichtige Rolle. Dieser entsteht durch die Angst vor der Symptomatik und kann dementsprechend weitere Problematiken schaffen (Jong-Meyer, 2018, S. 501; Behnke, 2016, S. 119). Die Störungstheorie der REVT ist allerdings eine klinische Theorie, die den Status eines exakten wissenschaftlichen Erklärungsansatzes nicht in Anspruch nimmt (Ellis & Hoellen, 2004, S. 15). Sie unterscheidet sich von anderen Erklärungsmodellen insofern, dass hauptsächlich irrationale Überzeugungen als Ursprung psychischen Leides angenommen werden. Demzufolge belasten nicht die Ereignisse selbst, sondern die Art und Weise wie diese Ereignisse bewertet werden. Aufgrund der deutlicheren Identifizierbarkeit neigen Menschen jedoch dazu, auftretende Ereignisse für ihre Gefühle verantwortlich zu machen. Ellis betont, dass bei der Entwicklung der REVT viele Einflüsse aus unterschiedlichen Disziplinen eingeflossen sind. So zum Beispiel das rationale Weltverständnis der Stoiker oder philosophische Ansichten von Konfuzius und Gautama Buddha. Das Durchlaufen eines tiefgreifenden philosophischen Wandels ist für Patienten wünschenswert. Um den Rahmen dieser Arbeit nicht zu überschreiten, erfolgen keine weiteren Ausführungen über die Einflussgrößen (Behnke, 2016, S. 112-114; Helle, 2019, S. 141). Die REVT versteht sich selbst als ein umfassendes, multimodales und integratives Therapiesystem (Ellis, 2008, S. 43). Sie basiert auf der Annahme, dass Gefühle ein soziales Konstrukt sind. Davon ausgenommen sind einige Basisemotionen (Behnke, 2016, S. 111). Weiters werden Kognitionen, Emotionen und Verhalten nicht als getrennte Funktionen betrachtet. Vielmehr weisen sie eine intrinsisch integrierte und holistische Natur auf (Ellis & MacLaren, 2015, S. 13).

Als Ziel der REVT kann die Maximierung des rationalen Denkens und die Minimierung des irrationalen Denkens genannt werden (Helle, 2019, S. 141-142). Anwender sollen ihre unbewusst etablierten Kernphilosophien erkennen, da anhand derer Bewertungen und selbstbezogene Behauptungen getroffen werden (Behnke, 2016, S. 113). Irrationale Überzeugungen können in vier Grundkategorien eingeteilt werden. Dies sind Musturbation, globale negative Selbst- und Fremdbewertung, Katastrophisieren und niedrige Frustrationstoleranz (Rusch, 2019, S. 71). Sie führen bei Verinnerlichung zu einer Anfälligkeit für Ablehnung. Weiters wird auf das Erleben der eigenen begrenzten Kompetenzen und auf aversiv erlebte Situationen empfindlich reagiert. Irrationales Denken wird in der Regel auf Basis des sokratischen Dialogs systematisch hinterfragt. Es handelt sich hierbei um eine direktive Gesprächsführung, welche durch Erschütterung des dysfunktionalen Überzeugungssystems eine neue Bewertung anregt (Helle, 2019, S. 141-142). Auch möchte die REVT dazu befähigen, unterschiedliche Aspekte und Widersprüchlichkeiten der Persönlichkeit aushalten zu können. Dabei wird zwischen der von Urteilen und Leistungen abhängigen Selbstbewertung einerseits und der ohne globale Bewertung auskommenden Selbstakzeptanz andererseits differenziert. Dies impliziert keinen Menschen als gut oder schlecht einzuschätzen, sondern allenfalls seine Taten (Behnke, 2016, S. 117; Ellis & Hoellen, 2004, S. 31). Die bedingungslose Akzeptanz für die eigenen Person oder für andere soll somit gefördert werden (Dryden, 2009, S. 40).

Schlussfolgernd drückt die REVT aus, dass wiederholende Selbstindoktrinierung mit irrationalen Überzeugungen ursächlich für Probleme ist. Besonders bei eigenen hohen Ansprüchen, Grübelneigung sowie Schuldgefühlen aufgrund subjektiv empfundener Un-zulänglichkeiten erweist sie sich als wirksam. Es wird rationales Handeln angestrebt, welches im Sinne der REVT effektive Selbsthilfe bedeutet. Um dies zu erreichen werden verschiedene Methoden, Instrumente und Arbeitsweisen verwendet. Das folgende Kapitel geht näher auf das ABC-Modell ein (Behnke, 2016, S. 113, 118; Furnham, 2010, S. 64).

3.2 Schritte der REVT

Ellis entwickelte ein Modell, dass die Neuinterpretation von Ereignissen fördert und eine schrittweise Entwicklung von gesunden Bewältigungsstrategien anregt (Furnham, 2010, S. 64). Es besteht aus drei Komponenten, die zusammen als Aktivierendes Ereignis-Bewertungen-Consequenzen-Modell bezeichnet werden (Steins, 2014, S. 195). Die Kurzform lautet ABC-Modell, wobei „A" für das „activating event", „B" für das „belief system" und „C" für „consequences" steht (Helle, 2019, S. 141). Zur Präzisierung der Konsequenzen ist eine Aufteilung in Gefühls-, Körper- und Verhaltensreaktionen möglich (Willberg, 2019, S. 89).

Bei der Aktivierung von Ereignissen spielen angestrebte Ziele eine grundlegende Rolle. Aus den basalen Zielen zu überleben und schmerzfrei sowie zufrieden zu sein, leiten Menschen individuelle Subziele ab. Nur wenn das Ereignis einen Bezug zu den Zielen aufweist, kommt es zu Konsequenzen (Ellis, 1991, S. 142-143). Dabei gilt es zu beachten, dass die Konsequenzen vom Ereignis zwar beeinflusst, jedoch nicht direkt verursacht werden. Als Ausnahme wird ein starkes oder ungewöhnliches Vorkommnis wie beispielsweise ein Erdbeben angegeben (Ellis, 1985, S. 319). Im Gegensatz dazu hat das Überzeugungssystem einen direkten Einfluss auf die Konsequenzen. Es stellt somit die wichtigste Komponente im ABC-Modell dar und unterscheidet zwischen rationalen und irrationalen Überzeugungen. Rationale Überzeugungen orientieren sich an der Realität und führen zu angemessenen Konsequenzen. Irrationale Überzeugungen orientieren sich hingegen an individuellen Wahrnehmungen und Gefühlen. Diese sind oft unrealistisch und führen zu unangemessenen Konsequenzen (Behnke, 2016, S. 118-119; Willberg, 2019, S. 89). Während rationale Überzeugungen die Erreichung von angestrebten Zielen fördern, sind irrationale Überzeugungen dafür nicht geeignet (Ellis, 1985, S. 314).

Für die Beratung ist es hilfreich, das Grundmuster des ABC-Modells zunächst zu verbildlichen. Der erste Schritt der Intervention ist es, den Gebrauch zu begründen und die einzelnen Komponenten zu erklären. Nach der Erhebung von „A", „B" und „C" wird das Modell erweitert. Dies erfolgt mit „D" für „disput" und „E" für „effective new philosophy" (Willberg, 2019, S. 88-89; Rusch, 2019, S. 72). Für die Gespräche in der Disputation stehen zwei Vorgehen zur Verfügung. Der didaktische bzw. belehrende Stil dient beispielsweise dazu, den Unterschied zwischen rationaler und irrationaler Überzeugung zu vermitteln. Nach der Anfangsphase kann auch der in Kapitel 3.1 erwähnte sokratische bzw. fragende Stil eingesetzt werden (Ellis & MacLaren, 2015, S. 66-67). Ellis bezeichnete das Hinterfragen von irrationalen Überzeugungen als elegante Disputation und das Hinterfragen von automatischen Gedanken als unelegante Disputation (DiGiuseppe, 1996, S. 20). Automatische Gedanken nehmen Menschen in einer spezifischen Situation anhand von Wörtern, Erinnerungen oder Bildern wahr. Sie bilden die unterste Ebene von Kognitionen. Grundüberzeugungen sind hingegen situationsunabhängig, starr sowie übergeneralisiert und stellen die oberste und am wenigsten zugängliche Ebene dar. Dazwischen befinden sich mittlere bzw. bedingte Kognitionen wie Annahmen, Regeln oder Pläne (Hautzinger, 2008, S. 173). Abbildung 2 veranschaulicht ein Beispiel für die hierarchische Ordnung von kognitiven Prozessen.

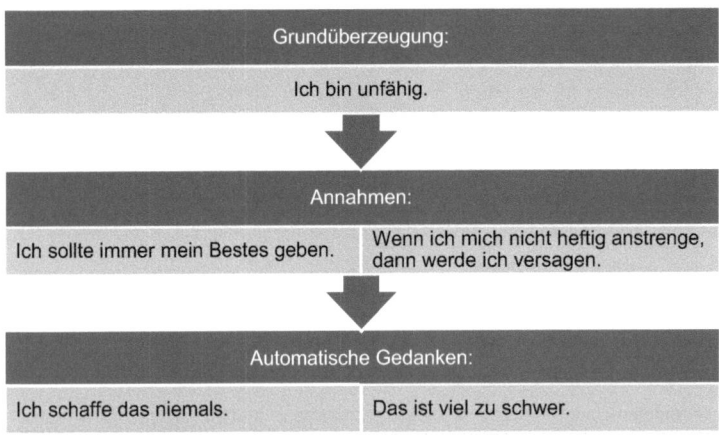

Abbildung 2: Hierarchische Ordnung von kognitiven Prozessen
(Eigene Darstellung, in Anlehnung an Hautzinger, 2008, S. 173)

Die elegante Disputation ist bevorzugt anzuwenden. Die unelegante Disputation ist jedoch ein indizierter Zwischenschritt, wenn irrationale Überzeugungen nicht direkt zugänglich sind (Jong-Meyer, 2009, S. 615). Zur Überprüfung von irrationalen Überzeugungen stehen vier Hauptmöglichkeiten zur Verfügung. Mit der funktionalen Disputation wird eingeschätzt, wieweit die Überzeugung für die individuelle Zielerreichung hilfreich ist. Hierfür kann gefragt werden: „Hilft Ihnen diese Denkweise?". Die empirische Disputation überprüft die faktischen Komponenten der Überzeugung. Eine mögliche Frage lautet wie folgt: „Welche Beweise gibt es dafür?". Bei der logischen Disputation wird der unlogische Sprung von Wünschen zu Ansprüchen hinterfragt. Dies kann so geschehen: „Welche Logik sehen Sie in der Annahme, dass B auf A folgen muss?" Schließlich konzentriert sich die philosophische Disputation auf die Lebenszufriedenheit. Diesbezüglich ergibt sich folgende Fragemöglichkeit: „Können Sie auch mit der bestehenden Problematik Befriedigung im Leben finden?". Nach der Überprüfung kommt es zur Entwicklung eines effektiven neuen Überzeugungssystems. Hierfür werden in Phase „E" rationale Bewältigungsaussagen implementiert. Dies sind ermutigende Selbstaussagen mit einem Bezug zur Problematik. Die Modellierung kann beim Ersetzen von irrationalen Gedanken helfen. Bei dieser Technik wird eine nachahmenswerte Person als Referenz verwendet und deren Gedanken mit den eigenen verglichen. Eine weitere Möglichkeit besteht in der Referenzierung. Dabei wird eine Liste mit den Vor- und Nachteilen der Veränderung angefertigt. Sie kann mit nachlassender Motivation wieder vor Augen geführt werden. Um Veränderungen herbeizuführen, ist es wichtig auch zwischen den

Beratungssitzungen konsequent zu üben und die kognitiven Hausaufgaben gewissenhaft zu erledigen (Ellis & MacLaren, 2015, S. 66-68, 70-76; Behnke, 2016, S. 122).

Zusammenfassend können für die REVT drei überlappende Schritte ausgemacht werden. Nach der Analyse von „A", „B" und „C" kommt es im Schritt „D" zu rational-emotiven Imaginations- oder Fantasieübungen. Zum Schluss folgt das Verhaltenstraining in Phase „E" (Helle, 2019, S. 142-143).

3.3 Anwendungsbeispiel der REVT

In diesem Kapitel wird das Konzept der REVT auf eine fiktive Coachingsituation angewandt. Der bereits in Kapitel 1.3 erwähnte leitende Produktionsmitarbeiter soll für den zweiten Standort des Produktionsunternehmens in der Metallbranche Betriebsführungen durchführen. Diese sollen nicht nur in Deutsch, sondern gegebenenfalls auch in Englisch abgehalten werden. Im unternehmensinternen Coaching zum Ausbau der Führungsqualitäten berichtet Herr A. über seine Ängste vor einer Gruppe Englisch zu sprechen. Seit frühen negativen Erfahrungen bei Englischreferaten vertritt er die irrationale Überzeugung unfähig zu sein (Hautzinger, 2008, S. 173). Der Coach schlägt dem leitenden Produktionsmitarbeiter eine genaue Analyse anhand des ABC-Modells vor. Es kommt zur Erklärung der einzelnen Komponenten, welche zudem auf einem Flipchart abgebildet werden (Willberg, 2019, S. 88). Im Coachingverlauf wird die irrationale Überzeugung überprüft und durch eine rationale Bewältigungsaussage ersetzt. So soll Herr A. nach und nach seinen Widerstand für englische Betriebsführungen verlieren. Zur Verinnerlichung des effektiven neuen Überzeugungssystems wird das gewünschte Verhalten in Eigenverantwortung trainiert. Um im entscheidenden Moment besser abschneiden zu können, startet das Training in nicht stressbehafteten Situationen. Für den leitenden Produktionsmitarbeiter ist dies beispielsweise in der Familie oder bei Freunden (Ellis & MacLaren, 2015, S.73-74; Behnke, 2016, S. 122). Zusammenfassend stellt Tabelle 5 dar, wie das abgebildete ABC-Modell von Herrn A. aussehen könnte.

„A"	„B"	„C"
Betriebsführung in Englisch	Gedanke:	Gefühl:
	Mit meinen Englischkennt-	Angst, Unsicherheit, Selbst-
	nissen schaffe ich es	zweifel
	niemals Informationen	
	flüssig an eine Gruppe zu	Körperreaktion:

	vermitteln und das ist eine absolute Katastrophe.	Nervosität, Magenschmerzen, Durchfall
		Verhalten: Englisch lernen bis spät in die Nacht, Verzicht auf Schlaf
	„D"	„E"
	Rationaler Gedanke: Ich habe die englische Betriebsführung gut eingeübt und werde mein Bestes geben. Falls ich Informationen nicht flüssig an eine Gruppe vermitteln kann, ist das zwar schlimm aber keine absolute Katastrophe.	Gewünschtes Gefühl: Gelassenheit

Gewünschte Körperreaktion: moderate Anspannung

Gewünschtes Verhalten: strukturierte Vorgehensweise, ausreichend Selbstfürsorge |

Tabelle 5: ABC-Modell aus einer Coachingsituation
(Eigene Darstellung, in Anlehnung an Technische Universität Dortmund, 2023)

Literaturverzeichnis

Behnke, K. (2016). *Umgang mit Feedback im Kontext Schule. Erkenntnisse aus Analysen der externen Evaluation und des Referendariats* (Psykologie in Bildung und Erziehung. Vom Wissen zum Handeln). Essen: Springer.doi:10.1007/978-3-658-10223-4

Beringer-Schäfer, E. (2011). *Orientierung im Coaching.* Stuttgart: Boorberg.

Böning, U. (2005). Coaching: Der Siegeszug eines Personalentwicklungs-Instruments – Eine 15-Jahres-Bilanz. In C. Rauen (Hrsg.), *Handbuch Coaching* (S. 21-54). Göttingen: Hogrefe.

Buck, M., Böckelmann, I., Lux, A. & Thielmann, B. (2019). Die Rolle von Persönlichkeits-merkmalen im Umgang mit Arbeitsbelastungen und gesundheitliche Folgen. *Zentralblatt für Arbeitsmedizin, Arbeitsschutz und Ergonomie, 69*(4), S. 191-201.doi:10.1007/s40664-019-0336-7

Coping. (2023). *AVEM - Arbeitsbezogenes Verhaltens- und Erlebensmuster.* Zugriff am 19.05.2023. Verfügbar unter https://coping.at/index.php?ueberblick-avem

Deutscher Bundesverband Coaching e.V. (2023). *Definition Coaching.* Zugriff am 17.05.2023. Verfügbar unter https://www.dbvc.de/der-dbvc/definition-coaching

DiGiuseppe, R. (1996). The nature of irrational and rational beliefs: Progress in rational emotive behavior theory. *Journal of Rational-Emotive and Cognitive-Behavior Therapy, 14*(1), S. 5-28.doi:10.1007/BF02238091

Dilling, H. & Reimer, C. (1997). *Psychiatrie und Psychotherapie* (3. Aufl.). Berlin, Heidelberg: Springer.doi.org/10.1007/978-3-662-22360-4

Drath, K. (2021). Die Geschichte des Coachings. In C. Rauen (Hrsg.), *Handbuch Coaching* (S. 17-36). Göttingen: Hogrefe.doi:10.1026/02259-000

Dryden, W. (2009). *Rational emotive behaviour therapy. Distinctive features* (The CBT distinctive features series). London, New York: Routledge.

Ellis, A. (1985). Expanding the *ABC*s of Rational-Emotive Therapy. In: M. J. Mahoney & A. Freeman (Hrsg.) *Cognition and Psychotherapy* (S. 313-323). Boston: Springer.doi:10.1007/978-1-4684-7562-3_13

Ellis, A. (1991). The revised ABC's of rational-emotive therapy (RET). *Journal of Rational-Emotive and Cognitive-Behavior Therapy, 9*(3), S. 139-172.doi:10.1007/BF01061227

Ellis, A. (2008). *Grundlagen und Methoden der rational-emotiven Verhaltenstherapie* (Leben lernen, Bd. 26, 2. Aufl.). Stuttgart: Klett-Cotta.

Ellis, A. & Hoellen, B. (2004). *Die rational-emotive Verhaltenstherapie. Reflexionen und Neubestimmungen* (Leben lernen, Bd. 112, 2. Aufl.). München: Pfeiffer bei Klett-Cotta.

Ellis, A. & MacLaren, C. (2015). *Rational-Emotive Verhaltenstherapie.* Paderborn: Junfermann Verlag.

Endrass, T. & Riesel, A. (2022). *Klinische Psychologie und Psychotherapie. Ein Überblick für Psychologiestudierende und -interessierte.* Berlin: Springer.doi:10.1007/978-3-662-65740-9

Fischer-Epe, M. (2021). *Coaching: miteinander Ziele erreichen* (9. Aufl.). Reinbek bei Hamburg: Rowohlt.

Freiburger Forschungsstelle für Arbeitswissenschaften. (2023). *Was ist COPSOQ?* Zugriff am 18.05.2023. Verfügbar unter https://www.copsoq.de/was-ist-copsoq/

Friedman, M. & Rosenman, R. H. (1974). *Type A behavior and your heart.* New York: Alfred A. Knopf.

Furnham, A. (2010). *50 Schlüsselideen Psychologie.* Heidelberg: Spektrum Akademischer Verlag.doi:10.1007/978-3-8274-2379-5_1

Gasche, R. (2021). *Chefsache Coaching. Dimensionen eines wirksamen Business-Tools.* Wiesbaden: Springer Gabler.doi:10.1007/978-3-658-15700-5

Gerrig, R. J. & Zimbardo P. G. (2008). *Psychologie* (18. Aufl.). München: Person Studium.

Greif, S. (2008). *Coaching und ergebnisorientierte Selbstreflexion.* Göttingen: Hogrefe.

Hautzinger, M. (2007). Entwicklung und Geschichte der Psychotherapie. In C. Reimer, J. Eckert, M. Hautzinger & E. Wilke (Hrsg.), *Psychotherapie. Ein Lehrbuch für Ärzte und Psychologen* (S. 9-15). Heidelberg: Springer.doi:10.1007/978-3-540-29988-2

Hautzinger, M. (2008). Grundüberzeugungen ändern. In M. Linden & M. Hautzinger (Hrsg.), *Verhaltenstherapiemanual* (S. 173-177). Berlin, Heidelberg: Springer.doi:10.1007/978-3-540-75740-5

Helle, M. (2019). *Psychotherapie.* Berlin: Springer.doi:10.1007/978-3-662-58712-6

Heller, S., Drexler, A. & Fleischhacker, W. W. (2002). Berufsbezogene Werthaltungen. *Psychotherapeut, 47*(6), S. 365-374.doi:10.1007/s00278-002-0253-6

Hinkelmann. (2016). *Coach statt Couch. Wie Coaching Menschen mit ADHS-Symptomen wirksam unterstützen kann.* Wiesbaden: Springer.doi:10.1007/978-3-658-13510-2

Hogrefe. (2008). *AVEM - Arbeitsbezogenes Verhaltens- und Erlebensmuster.* Zugriff am 19.05.2023. Verfügbar unter https://www.testzentrale.de/shop/arbeitsbezogenes-verhaltens-und-erlebensmuster.html

Hogrefe. (2016). *DSM und ICD.* Zugriff am 18.05.2023. Verfügbar unter https://www.hogrefe.com/de/thema/dsm-und-icd

Holst, M., Harfst, T. & Schulz, H. (2020). Die Versorgung von Patienten mit psychischen Störungen. In J. Hoyer & S. Knappe (Hrsg.), *Klinische Psychologie & Psychotherapie* (S. 353-373). Berlin: Springer.doi:10.1007/978-3-662-61814-1

Jong-Meyer, R. (2009). Kognitive Verfahren nach Beck und Ellis. In J. Margraf & S. Schneider (Hrsg.), *Lehrbuch der Verhaltenstherapie. Band 1: Grundlagen, Diagnostik, Verfahren,*

Rahmenbedingungen (S. 611-627). Heidelberg: Springer.doi:10.1007/978-3-540-79541-4

Jong-Meyer, R. (2018). Kognitive Verfahren nach Beck. In J. Margraf (Hrsg.), *Lehrbuch der Verhaltenstherapie. Band 1: Grundlagen, Diagnostik, Verfahren und Rahmenbedingungen psychologischer Therapie* (S. 499-514). Berlin: Springer.doi:10.1007/978-3-662-54911-7

Karasek, R., Brisson, C., Kawakami, N., Houtman, I., Bongers, P. & Amick, B. (1998). The Job Content Questionnaire (JCQ): an instrument for internationally comparative assessments of psychosocial job characteristics. *Journal of Occupational Health Psychology, 3*(4), S. 322-355.doi:10.1037//1076-8998.3.4.322

Keßler, B. H. & Hoellen, B. (1982). *Rational-emotive Therapie in der klinischen Praxis. Eine Einführung*. Weinheim, Basel: Beltz.

König, E. & Volmer, G. (2019). *Handbuch systemisches Coaching. Für Coaches und Führungskräfte, Berater und Trainer* (3. Aufl.). Weinheim: Beltz.

Lippmann, E. (2006). *Coaching. Angewandte Psychologie für die Beratungspraxis*. Berlin: Springer.

Margraf, J. (2009). *Kosten und Nutzen der Psychotherapie*. Berlin, Heidelberg: Springer.doi:10.1007/978-3-540-68316-2

Marmot, M. G., Smith, G. D., Stansfeld, S., Patel, C., North, F., Head, J. et al. (1991). Health inequalities among British civil servants: the Whitehall II study. *The Lancet, 337*(8754), S. 1387-1393.doi:10.1016/0140-6736(91)93068-K

Migge, B. (2018). *Handbuch Coaching und Beratung*. (4. Aufl.). Weinheim: Beltz.

Neuner, R. (2021). *Psychische Gesundheit bei der Arbeit. Gefährdungsbeurteilung und gesunde Organisationsentwicklung* (4. Aufl.). Wiesbaden: Springer.doi:10.1007/978-3-658-34974-5

Nübling, M., Stößel, U., Hasselhorn, H.-M., Michaelis, M. & Hofmann, F. (2005). *Methoden zur Erfassung psychischer Belastungen*. Dortmund, Berlin, Dresden: Wirtschaftsverlag NW.

Nübling, M., Stößel, U. & Michaelis, M. (2010). Messung von Führungsqualität und Belastungen am Arbeitsplatz: Die deutsche Standardversion des COPSOQ (Copenhagen Psychosocial Questionnaire). In B. Badura, H. Schröder, J. Klose & K. Macco (Hrsg.), *Fehlzeiten-Report 2009. Arbeit und Psyche: Belastungen reduzieren – Wohlbefinden fördern* (S. 253-262). Berlin, Heidelberg: Springer.

Poschkamp, T. (2008). *Lehrergesundheit. Belastungsmuster, Burnout und Social Support bei Dienstunfähigen Lehrkräften* (Angewandte Stress- und Bewältigungsforschung, Bd. 1). Berlin: Logos Verlag.

Pritzel, M. (2016). *Die akademische Psychologie. Hintergründe und Entstehungsgeschichte*. Berlin, Heidelberg: Springer.doi:10.1007/978-3-662-48189-9

Rauen, C. (2003). Unterschiede zwischen Coaching und Psychotherapie. *Organisationsberatung, Supervision, Coaching, 10*(3), S. 289-292.doi:10.1007/s11613-003-0034-2

Rauen, C. (2014). *Coaching* (3. Aufl.). Göttingen: Hogrefe.

Rauen, C. (2021). Varianten des Coachings. In C. Rauen (Hrsg.), *Handbuch Coaching* (S. 37-66). Göttingen: Hogrefe.doi:10.1026/02259-000

Rusch, S. (2019). *Stressmanagement. Ein Arbeitsbuch für die Aus-, Fort- und Weiterbildung* (2. Aufl.). Berlin: Springer.doi:10.1007/978-3-662-59436-0

Sauerland, M. (2018). *Design Your Mind! Denkfallen entlarven und überwinden: Mit zielführendem Denken die eigenen Potenziale voll ausschöpfen* (2. Aufl.). Wiesbaden: Springer.doi:10.1007/978-3-658-21462-3

Schaarschmidt, U. (2006). *AVEM: Ein Instrument zur interventionsbezogenen Diagnostik beruflichen Bewältigungsverhaltens.* Zugriff am 19.05.2023. Verfügbar unter https://www.psychotherapie.uni-wuerzburg.de/termine/dateien/Schaarschmidt180407_AVEM.pdf

Schmidt-Lellek, C. J. (2003). Coaching und Psychotherapie — Differenz und Konvergenz. *Organisationsberatung, Supervision, Coaching, 10*(3), S. 227-234.doi:10.1007/s11613-003-0026-2

Schmidbauer, W. (2007). Coaching in der Psychotherapie — Psychotherapie im Coaching. *Organisationsberatung, Supervision, Coaching, 14*(1), S. 7-16.doi:10.1007/s11613-007-0002-3

Setterlind, S. & Larsson, G. (1995). The stress profile: A psychosocial approach to measuring stress. *Stress Medicine, 11*(1), S. 85-92.doi:10.1002/smi.2460110116

Siegrist, J. (1991). Contributions of Sociology to the Prediction of Heart Disease and Their Implications for Public Health. *The European Journal of Public Health, 1*(1), S. 10-21.doi:10.1093/eurpub/1.1.10

Steins, G. (2014). *Sozialpsychologie des Schulalltags. Grundlagen und Anwendungen* (Sozialpsychologie des Schulalltags, Bd. 1, 2. Aufl.). Lengerich: Pabst Science Publishers.

Strotzka, H. (1975). Was ist Psychotherapie? In H. Strotzka (Hrsg.), *Psychotherapie. Grundlagen, Verfahren, Indikationen* (S. 3-6). München: Urban & Schwarzenberg.

Technische Universität Dortmund. (2023). *ABC-Modell.* Zugriff am 20.05.2023. Verfügbar unter https://www.tu-dortmund.de/storages/tu_website/Dezernat_4/Dez._4.1/PSB/PDF-Dateien/Toolbox/ABC-Modell.pdf

Thielmann, B., Yurkul, T., Zavgorodnij, I., Kapustnik, W. & Böckelmann, I. (2018). Zusammenhänge von Persönlichkeitsprofilen und arbeitsbezogenen Verhaltens- und Erlebensmustern bei weiblichen Lehrkräften. *Zentralblatt für Arbeitsmedizin, Arbeitsschutz und Ergonomie, 69*(3), S. 133-143.doi:10.1007/s40664-018-0318-1

WBP. (2023). *Wissenschaftlicher Beirat Psychotherapie.* Zugriff am 17.05.2023. Verfügbar unter https://www.wbpsychotherapie.de

Wesselborg, B. (2017). Lehrergesundheit im Zusammenhang mit Lehrer-Schüler-Beziehungen–Zentrale Befunde und Perspektiven für die Forschung. In U. Weyland & K. Reiber (Hrsg.), *Entwicklungen und Perspektiven in den Gesundheitsberufen – aktuelle Handlungs- und Forschungsfelder* (S. 247-267). Bonn: Bundesinstitut für Berufsbildung.

Willberg, H.-A. (2019). *Achtsamkeitsbasierte Kognitive Seelsorge und Therapie. Das Integrative Praxishandbuch zu Achtsamkeit, Rational-Emotiver Verhaltenstherapie und Spiritualität.* Berlin, Heidelberg: Springer.doi:10.1007/978-3-662-59470-4

Wrede, B. A. & Wiesenthal, K. (2018). *Coaching für Industrie 4.0.* Berlin: Springer Gabler.doi:10.1007/978-3-662-56394-6